Alfred Reichel

Bierhaltige
Gedichte

© 2016, Alfred Reichel
Layout, Satz & Umschlaggestaltung: Malte Reddig
Covermotive: Philipp Benner
Herstellung und Verlag: BoD – Books on Demand, Norderstedt
ISBN 978-3-7386-5672-5

Bibliografische Information der Deutschen Nationalbibliothek:
Die Deutsche Nationalbibliothek verzeichnet diese Publikation
in der Deutschen Nationalbibliografie; detaillierte bibliografische
Daten sind im Internet über www.dnb.de abrufbar.

Anstatt einer Widmung und eines Vorworts

1516

500 Jahre Deutsches Reinheitsgebot sind es Wert,
dass man sie besonders ehrt.
Das Bier- Reinheitsgebot ist ein Schwur
auf Natur pur, auf modifizierte 4-mal „NUR":
Nur Wasser. Nur Hopfen. Nur Hefe. Nur Malz.
Gutes Bier - Gott erhalt's.

Weil der Stadt, im Januar 2016   Alfred Reichel

#1   **Du**

Ich wär' so gern wie Du:

10 Bier und noch nicht zu.

Aber leider bin ich Du nicht,

nach 10 Bier bin ich dicht.

#2   **Bier!**

Bier geht wie Wasser runter!

Bier macht müde Männer munter!

Bier gibt der Liebe Zunder!

Bier macht das Leben bunter!

Bier wirkt meist wahre Wunder!

#3   **Glücksregeln**

Habe Freunde, habe Ziele,

ein paar reichen, nicht zu viele.

Tu Sinnvolles, liebe, trinke Bier,

dann gelingt das Leben dir.

#4   Think big

Ich möchte nicht irgendwas.

Ich möchte ein Bier vom Fass.

Davon ein großes Glas

- eine Maß!

Think big

- das ist der Trick!

Prost!

#5   Bergfestbier

Bald ist wieder Wochenende.

Der Mittwoch bringt die Wochenwende.

Aus diesem Grunde gönne ich mir

ein großes Bergfest-Weizenbier.

#6   Veggie-Döner

Das Leben ist schön,

muss ich gestöhn ;-)

Nach einem Bier ist's noch schöner.

Am schönsten scheint's nach einem Veggie-Döner…

#7 Träume (I have a dream)

Ich träume von besserem Wetter.

Ich träume, die Menschen wären netter.

Ich träume von einem Papier,

wo draufsteht „*Gutschein für 1000 l Bier*".

Manchmal werden ja Träume wahr.

Wenn nicht in diesem, dann vielleicht im nächsten Jahr.

#8 Landleben

Es gackert ein Huhn.

Es kräht ein Hahn.

Ich hab grad nichts zu tun

und hör mir das an.

Es bellt ein Hund.

Es scharrt ein Stier.

Trocken ist mein Mund.

Ich brauch schnell ein Bier.

#9 Bierwolke

Den Hype um Wolke sieben

halte ich für ziemlich übertrieben.

Ich wäre lieber auf Wolke vier

zusammen mit dir bei einem Bier.

#10   Nicht aufregen

Bist du mal wieder mies drauf,
denke dir: Man kann, aber muss sich nicht aufregen.
Dann mache dir eine Flasche Bier auf.
Eine Alternative zum Biertrinken wäre, sich zu
bewegen.

#11   Bieriges

Krieg' ich ein Bier,
dann komm' ich zu dir.
Krieg' ich kein Bier,
dann bleib' ich bei mir.

#12   Traumfrau und traumhaftes Bier

Keinen Tag möchte ich versäumen,
von meiner Traumfrau zu träumen.
Durch jegliche Zeit und jeglichen Raum
begleitet mich dieser süße Traum.
Auch jetzt und hier
träum und verspür
ich diese wundervolle Gier
nach IHR <3

Auch möchte ich nicht versäumen
von traumhaftem Bier zu träumen ;-)

#13 Erster Schluck

Der erste Schluck macht Durst auf mehr.

Herrlich dieses Sinnenfest!

Mir schmeckt dies Bier so sehr.

Durstig trinke ich den Rest.

#14 Bier-Liebes-Durst

Ihn dürstet nach ihr.

Er möchte sie trinken wie Bier.

Da er sie aber nicht trinken kann,

fängt er halt ein Bier zu trinken an.

#15 Flaschenpfand

Er trinkt viel Bier mit Sachverstand,

denn er freut sich aufs Flaschenpfand.

#16 Trostbier

Passte meine Freundin in meine Hosentaschen,

könnte ich immer von ihr naschen.

Aber sie ist nun mal 1,65 m groß,

verflixt, was mach ich bloß?

Nun steckt statt ihr

dort ein Bier

als Trost –

Prost!

#17 Ahhh, mmmh

Ahhh. Pfui Teufel, schmeckt das Bier heute gut.

Mmmh. Mit jedem Schluck steigt mein Lebensmut.

Ich werde narrisch wie gut das Bier mir tut.

Ich trank nie einen besseren vergorenen Sud.

#18 Bierdurst

Durst ist ein herrliches Gefühl für den, der Bier zu trinken hat.

Der Durstige saugt Bier wie die Wüste den Regen auf und es entlockt ihm dabei im Idealfall ein orgasmisches „Ahhhh". Biertrinken ohne Durst ist wie Sex ohne Liebe, wie Leben ohne Ziele…

#19 Zwillingsbier

Anders als ein Wein

kommt ein Bier selten allein.

Bier bringt meist seinen Zwilling mit.

Ich trinke sie – Prosit!

#20 Bier-Verführung

Ständig lodernde Gier.

BIER ist der Verführung Namen.

Ewig lockt das Bier.

So war's, so ist's, so wird's immer sein! Amen.

#21 Bier-Vierzeiler

Ich trink' gern ein Bier.

Noch lieber aber zwei.

Und bist du bei mir,

trink' ich sogar drei.

#22 Schmeckt

Ein Bier dem Alfred schmeckt,

wenn viel Gutes darin steckt.

Da er in jedem Bier etwas Gutes entdeckt,

ihm fast jedes Bier schmeckt.

#23   Joggingbier

Mit Freunden im Wald laufen.

Danach beim Verschnaufen

zusammen ein paar Bierchen heben

- was für ein herrliches Leben.

#24   Verzicht

Für eine Nacht mit dir

verzichtete ich morgen auf mein Bier.

Zu verlockend wäre diese Nacht zu zweit.

Und der Morgen ist ja noch so weit.

Am liebsten aber wäre mir

eine Nacht mit dir und Pausenbier.

#25   Vom Vermissen

Niemals möchte ich mehr missen,

mein Verlangen dich zu küssen.

An zweiter Stelle steht bei mir

die Gier nach gutem Bier.

#26 Schöner

Schön ist's am Strand zu steh'n
und aufs weite Meer hinauszuseh'n.
Noch schöner ist's, dabei die Freundin zu knutschen
und hin und wieder an einer Flasche Bier zu lutschen.

#27 Gier nach Freibier

Sie denkt an ihr Körpergewicht
und trinkt deshalb vom Freibier nicht.
Er dagegen verliert bei Freibier jegliche Zier,
über mögliche Gewissensbisse steht seine Gier.
So trinkt er ohne Pardon
vom Bier eine große Portion.

#28 Lebertran

Er trinkt Bier bis er nicht mehr kann.
Tags drauf regeneriert er mit Lebertran.
Ob das hilft? Er jedenfalls glaubt daran.

#29 Gesunde

Fühlst du dich kraftlos und leer.

Hast keine Lust auf gar nichts mehr.

Dann führ' dir ein Bier zum Munde

und mit etwas Glück gesunde ;-)

Ein Bier, das dir schmeckt,

auch Lebenslust in dir weckt.

Hast du Angst vor Bieralkohol,

dann trink alkoholfrei – zum Wohl!

#30 Ewiglich

So ist der Lauf der Zeit:

Was bleibt ist die Vergänglichkeit.

Nur zwei Sachen halten ewiglich:

Mein Durst nach Bier und mein „*Ich liebe dich.*" <3

#31 Mit Bier

Fußball ohne Bier ist wie ein torloses Freundschafts-spiel,

das keiner wirklich sehen will.

Erst ein Bier in der Hand

macht so manche Sportveranstaltung interessant.

Bier zu Frauenballett

macht selbst diese Sportart nett.

#32 Gesund

Bemerkenswert,

wer sich ernährt

von Bier und viel Salat,

denn der wird nur selten malad.

Täglich ein Bier in den Mund

und du bleibst gesund.

#33 Beim Bier

Die Erde ist keine Scheibe.

Die Erde ist eher kugelrund.

Ich sitze in der Kneipe,

trinke Bier seit zwei Stund.

Ein Prost auf die Welt.

Ein Prost auf das, was sie zusammenhält.

#34 Die Zeit

Weil's vielleicht Gott so will,

steht die Zeit niemals still.

Es vergehen die Stunden.

Die Zeit heilt alle Wunden

- Gott sei Dank.

In der Zwischenzeit hilft Hopfentrank.

#35 Sommerliche Impressionen

Sommer, Sonne, Weizenbier,
sommerliche Gefühle in mir.
Hitze, Freibad, Sonnenbrillen,
kurze Hosen, abendliches Grillen.
Eiskaffee mit Sahne und Vanille,
bier- und weinbedingte Promille.
Biergarten, gute Laune, hitzefrei,
Ventilatoren, Salate, Kartoffelbrei.
Sonnencreme, Urlaub, Stechmücken…
- Die Sommerzeit tut uns beglücken.

#36 Grillen

Hitzerekord, Sonnenschein,
auf dem Grill ein halbes Schwein
oder buntes Gemüse und Fisch.
Auf dem Tisch Salate, knackig frisch.
Ob Mann oder Frau, Vegetarier oder nicht
- einem jeden schmeckt sein Grill-Gericht.
Dazu kühles Bier – so soll es sein.
Prost, haut rein!

#37 Erinnerung

Erinnerst du dich an den heißen Sommer mit den
trunkenen Tagen,
als wir mit jeweils einem Sixpack zufrieden auf der
Lichtung lagen?!

#38 35 °C

Was soll der Scheiß –
35 °C sind viel zu heiß.
Diese Bruthitze –
Furchtbar, wie ich schwitze.
Bin außen nass und innen trocken,
ein großes Bier würde mich jetzt locken.
Ich schwitze ohne Unterlass,
da hilft kein Schwimmbadnass,
erst Recht kein Aderlass,
auch kein Doktor
und kein Ventilator.
Nur kühles Bier
hilft mir!

#39 Lebensretter

Schwül ist's und warm,

durstiger Sommeralarm!

Bier, du bist mein Lebensretter

bei hochsommerlichem Wetter.

Ohne dich wäre die Hitze unerträglich.

Ich trinke besser noch eins vorsorglich.

#40 Gewitter

Ein Gewitter kommt auf.

Wir warten schon drauf.

Es prasseln die dicken Regentropfen.

Wir trinken Bier aus Malz und Hopfen.

Gelöscht wird die glühende Sommerhitze.

Auch der Durst lässt nach. Das Bier ist Spitze!

#41 Warten im Biergarten

Schön ist's im Biergarten
auf seine Liebste zu warten.
Mit 'nem Bier ist dort das Warten kurzweilig.
Viel gibt's zu sehen – nie wird's langweilig.
Und kommt die Liebste dann mit etwas Verspätung,
bekomm ich garantiert ein Küsschen als Entschul-
digung.
Bier und Freundin - es braucht nicht mehr.
Ich liebe mein Bier und meine Freundin sehr.

#42 Wasser trinken

Wer trinkt denn im Biergarten Wasser?
Das fragt sich gerade hier der Verfasser.
Autofahrer, blasse Frauen, Kostverächter,
Suppenkasper, Gesundheitswächter…
Im Biergarten trinkt man Bier.
Und vielleicht nach Bier Nummer vier
höre ich auf oder mache eine Pause.
Wasser und Ähnliches trinke ich zuhause.

#13 Rätsel

Ihr Herz ist nicht aus Stein.

Ihre Brüste sind nicht aus Silikon.

Sie trinkt lieber Bier statt Wein.

Ich liebe diese Person.

Wer kann das bloß sein?

Das kann nur meine Freundin sein ;-)

#14 Körperchaos

Mein Herz will zu dir <3

Meine Leber schreit nach Bier.

Mein Bauch will Spätzle.

Mein Mund einen Kuss von meinem Schätzle :-*

Meine Haut braucht eine Streicheleinheit.

Meine Sinne sehnen sich nach deiner Anwesenheit.

#15 Sternschnuppennacht

Heute Nacht

wird durchgemacht.

In den Nachthimmel geschaut

bis der nächste Morgen graut.

Nach Sternschnuppen wird geguckt

und dazu wird Bier geschluckt.

Hab mir gerade das erste Bier aufgemacht

für die lange Sternschnuppennacht.

Prost, ihr Sternschnuppen!

Prost bis in die Puppen!

#16 Lourdes

Ich fahre nach Lourdes der Wunder wegen

und natürlich auch wegen Gottes Segen.

Als Wunder wünsche ich mir

eine Kiste immer voll mit Bier.

Oder besser deren vier.

Eine zur Reserve. Eine für dich.

Eine für uns und eine für mich.

Amen

#47 Von Gott und Teufel

Der Teufel hat den Schnaps gemacht,
der Herrgott das Bier.
Drum trinke den Schnaps mit größtem Bedacht.
Bier aber sei dein tägliches Pläsier.

#48 Unter Bäumen

Unter den Buchen
kann man uns suchen.
Man wird uns dort nicht finden,
denn wir sitzen unter den Linden.
Wir sitzen da und trinken ein Bier.
Und noch ein Bier und noch ein Bier…
Unter den Linden
kann man uns finden.
Dort sind keine Meisen,
die ständig runterscheißen.

#49 Sommers

Im Sommer blühen Rosen.
Jungs tragen kurze Hosen.
Im Biergarten bläst eine Blaskapelle.
Ich trinke zwei Bier auf die Schnelle.

#50 Glücksbier

Gönne dir
ein Glücksbier :-)
Gluck, gluck und Schluck.
Bereits mit dem ersten Schluck
kommt das Glück
zu dir zurück.

#51 Gute-Laune-Bier

Heute wird's ein wunderbarer Tag,
weil ich's so will und mag.
Heute liebe ich alles um mich rum.
Heute nehme ich niemandem etwas krumm.
Komme was da kommen mag,
heute wird's ein guter Tag.
Heute setze ich meine rosarote Brille auf.
Abends dann mache ich mir ein Gute-Laune-Bierchen
auf.

#52 Williges Bier

„Das Bier ist willig.
Die Frauen sind billig."
Er hat da wohl etwas durcheinander gebracht
in der fremden Stadt nach durchzechter Nacht.

#53 Ohne Kopfweh

Gutes Bier und guter Wein
wollen in Maßen getrunken sein.
Gut war die durchzechte Nacht,
wenn man mittags ohne Kopfweh erwacht.

#54 Vorsätze

Sich und die Wirkung von Alkohol,
beide kennt er wohl.
Durch maßvolles Biertrinken hält er die Trunksucht in
Schach.
Doch der Geist ist willig, aber das Fleisch ist oft
schwach.

#55 Voll Bier

Er weiß nicht, was er nach 10 Bier anderes sagen soll
als *„ich bin voll"*.
Liebevoll, biervoll –
nur das erste *„voll"* ist toll.
Das Gegenteil von voll ist leer.
Von dem zwischen leer und voll will man dann mehr.
Bleiben wir aber maßvoll.
Zum Wohl!

#56 Schlau, schlauer, Brauer

Mancher hält sich für schlau

und heiratet eine reiche Frau.

Sei du aber schlauer

und heirate die Tochter von einem Brauer.

Upps, bei diesem Dativ sieht der Genitiv rot.

Du aber hast so immer genügend flüssiges Brot.

#57 Übers Bier

Wer das Bier nicht ehrt,

der lebt verkehrt.

Wer nicht mag Malz und Hopf',

der ist ein armer Tropf.

Wer nicht weiß, wie schön man sich die Welt trinken

kann,

der ist ein bedauernswerter Mann.

Du und ich aber wissen, was wir am Bier haben,

weswegen wir uns auch kräftig daran laben.

#58 Sonntagsbiere

Sonntagnachmittag um kurz nach vier
gibt's das erste Wochenendausklangsbier.
Zuvor gab's schon nach dem morgendlichen Laufen
ein, zwei Bier zu saufen.
Ab und zu auch zum Mittagsessen
wurde eine Flasche Bier dazu nicht vergessen.
Dann auch beim Kreisliga-Fußballgucken
tat man für gewöhnlich ein Bierchen schlucken.
Manchmal kommt schon was an Bier zusammen.
Gott segne diese Sonntagsbiere. Amen.

#59 Mitternacht

Die Uhr schlägt Mitternacht.
In seinem Glas ist Bier Nummer acht.
Es wird noch nicht das Letzte sein.
Ist das Bier alle, dann steigt er um auf Wein.

#60 Unterschiede

Er isst Fleisch. Sie isst Gemüse.

Er ist mutig. Ihr geht die Düse.

Er mag süß. Sie mag sauer.

Er ist schlau. Sie ist schlauer.

Er sagt hü, Sie sagt hott.

Er mag's langsam. Sie mag's flott.

Er steht auf schwarz. Sie auf weiß.

Er mag kalt. Sie mag heiß.

Er trinkt Bier. Sie trinkt Glühwein.

Die Unterschiede könnten kaum größer sein.

Doch sie lieben sich –

so wie ich dich <3

#61 Mutter spricht

Irene, lass dich nicht zum Biertrinken überreden.

Die, die trinken, kriegen alle irgendwelche Schäden.

Irene, um zehne

biste daheme.

Und biste das nicht,

kommste vors elterliche Strafgericht.

#62 Schwärmen

Ich schwärme

in der Wärme,

aber auch in der Kühle,

ebenso in der Schwüle,

bei jeder Feuchtigkeit, bei jeder Temperatur,

überall und immerzu, also rund um die Uhr

von gutem Bier

und besonders von dir.

#63 Durst und Sehnsucht

Der fürchterliche Durst nach Bier

ist nichts gegen die große Sehnsucht nach dir.

Durst und Sehnsucht sind nur zu überwinden,

indem Bier und Durst bzw. du und ich zusammen-

finden.

#64 Bierverführung

Hab das Bier nur mit den Lippen berührt

und merke schon, wie's mich verführt.

Von meinen Lippen lecke ich vorsichtig die wenigen

Tropfen,

im Mund entfaltet sich köstlichster Geschmack nach

Hopfen.

Ich könnte weinen vor Glück, ich bin gerührt.

#65 Bierige Stoffe

Die in Bier enthaltenen Atome, Ionen und Moleküle
verschaffen mir befreiende, berauschende Gefühle.
Die Stoffe sich leicht in mir drehen
und mich Schluck um Schluck entschweren.
Auch ist des Bieres besonderer Wert,
dass Bier manch Inneres nach außen kehrt.

#66 Mann

Wann ist ein Mann ein Mann?
Wenn er 10 Bier am Abend trinken kann?
Nein. Ein Mann ist ein Mann,
wenn er nach 9 Bier zum 10ten „Nein" sagen kann ;-)

#67 Bier gut

Bier gut –
alles gut.
War dein Bier mal nix,
hol dir ein neues, fix.

#68 Bierseligkeit

Ich bin mit mir und der Welt im Reinen.

Einen wie mich gibt's als Zweiten keinen.

Ich hab mein Lieblingsgetränk gefunden.

Auf mich warten viele bierselige Stunden.

#69 Hohl

Ein jeder weiß:

Zu viel Alkohol

macht die Birne hohl.

Also lass den Scheiß.

Geb auf dich acht.

Trink Bier mit Bedacht.

#70 Antriebsbier

Ein Bier, das gut schmeckt,

auch neue Kräfte in dir weckt.

Trink ein Bier, wenn nichts mehr geht,

damit sich dein inneres Antriebsrad wieder dreht.

#71 Weltuntergang

Und ginge morgen die Welt unter,
tränke ich auch heute noch ein Bier.
Voraussichtlich geht sie nicht unter,
so trinke ich auch übermorgen noch Bier.

#72 Ruck-zuck

Volles Bierzelt. Ein Geschucke.
Beiseite ruck. Ein Gedrucke.
Bedienung, eine Maß Bier, ruck-zuck!
Gluck, gluck. Schluck, schluck.
Leckeres Bier – kein Muckefuck.
Süffiges Bier hinterlässt besten Eindruck.
Bedienung, bitte mir
noch eine Maß Bier.

#73 Balz

Läuft vergorenes Malz
durch deinen Hals,
so steigt dein Mut.
Und etwas Mut ist gut
für die erfolgreiche Balz.

#74 Biermedizin

Der Durst schiebt und zieht dich zum Biere hin,
denn gegen Durst ist Bier die beste Medizin.

#75 Horrorvorstellung

Seine Frau ist mit seinem besten Freund durchge-
brannt.
Zwei Wochen später ist sein Haus abgebrannt.
Er ist fortgezogen an den Arsch der Welt.
Wohnt jetzt in einem schäbigen Hotel für wenig Geld.
Die letzte Zeit hatte er kein Glück auf Erden.
Drum denkt er, es kann nur noch besser werden.
Aber es kommt zunächst noch viel viel schlimmer,
denn er hat kein Bier mehr auf seinem Zimmer.

#76 Wer weiß

Wenn ich mal kein Bier mehr trinke, dann bin ich tot.
Aber, wer weiß, vielleicht gibt's auch im Himmel das
flüssige Brot.

Himmlisch gut

Für die einen ist Bier nur ein Getränk.

Für die anderen und auch mich ist Bier ein göttliches Geschenk.

Ich bin froh, wenn ich diese himmlische Gabe vor mir im Glas oder in der Flasche habe.

 Bierkönig

Trinke ich Bier, fühle ich mich königlich.

Mich dünkt, ein Bierkönig bin ich.

 Versessen

Ich bin aufs Bier versessen,

denn Biertrinken lässt mich kurz die Welt vergessen.

Gute Gedanken sprießen

beim mit Bier Begießen.

 Ins gelobte Land

Nimm dein Bier zur Hand.

Wir trinken uns ins gelobte Land.

Die Fahrkarten dorthin

sind Bier und Gin.

#81 Lebensgeistererwecker

Bier, du göttliche Flüssigkeit,

verbreitest Frohsinn und Heiterkeit.

Bier, du kannst Lebensgeister wecken.

Wer dich nicht mag, lasse dich für mich im Kasten

stecken.

#82 Eins

Bist du bei mir oder ich bei dir,

teilen wir uns jede Flasche Bier.

Und übernachten wir,

teilen wir uns ein Bett.

Zusammen erst sind wir komplett.

Deins, meins, eins.

#83 Es regnet

Die Erde braucht den Regen.

Ich brauche ein Bier.

Für die Erde ist's ein Segen.

Für mich ein Pläsier.

#84 Natur

Am Meer, Fluss oder an der See
oder auf der Suche nach einem Glücksklee
oder in Wald, auf Feldern und Wiesen
- überall lässt sich die Natur genießen.
Diese Freude noch mit einem Bier begießen
und nichts kann einem die Stimmung verdrießen.
Ein Hoch auf die Natur
- rund um die Uhr.

#85 Gartenarbeit

Der Garten schreit: Mähen,
schneiden, hacken, gießen, säen.
Viel Gartenarbeit liegt vor mir.
Mit was fang ich an?
Wie gehe ich ran?
Ich trinke jetzt erst mal ein Bier.
Mit etwas Bier im Blut,
gelingt die Arbeit gut.
Prost!

#86 Das Nächste

Das letzte Bier war das Beste.
Vorfreude auf das Nächste macht sich breit.
Ich bin fürs Nächste bereit
- für das nächste Beste.

#87 Was ich will

Was ich gerade will,
ist gar nicht viel.
Ich will jetzt ein Bier
und einen Kuss von dir.

#88 Bier-Wasser-Vergleiche

Lieber eine Bierflasche
als eine Wasserflasche.
Lieber eine Bierleiche
als eine Wasserleiche.
Lieber einen Bierbauch
als einen Wasserbauch.
Lieber Bier als Wasser,
sagt der Verfasser.

#89   Ein Glas Bier

Ein Glas Bier zur rechten Zeit

vertreibt den Kummer und bringt Gemütlichkeit.

#90   Wasser vs. Bier

Wer trinkt denn abends Wasser, wenn er auch Bier

trinken kann?

Ich kenne spontan niemanden, weder Frau noch

Mann.

Prost - Das Bierige

muss ins Mundige.

#91   Zapfen

Im Wald gibt's Tannenzapfen.

Im Wirtshaus ist der Wirt am Zapfen.

Er zapft und zapft in einem fort.

Wir trinken Bier und pissen in den Abort.

Harmonie, Harmonie

In Manchem zeigt die Chemie
wenig Harmonie.
Die Reinstoffe sind zu rein.
Nur im Gemisch ist vieles harmonisch fein.
So ist's auch mit Bier
und mit dir und mir.
Das Ganze entsteht erst aus der Summe der Einzel-
heiten.
Erst in der Summe bekommt das Ganze seine
Feinheiten.

Schöner Bierdurst

Bier ist die richtige Wahl
gegen des Durstes Qual.
Viel Bier macht brennenden Durst sogar richtig schön.
Mancher findet durstig-gieriges Biertrinken leicht
obszön.
Uns ist das ziemlich egal,
Bier ist und bleibt gegen Durst einfach ideal.

#94 Am besten

Ein Bier schmeckt
alleine schon perfekt.
Besser schmeckt Bier mit Freunden zusammen.
Noch besser mundet's ihm mit ein paar netten Damen.
Aber am besten schmeckt's, wenn die Freundin ist mit
dabei,
denn alle anderen Frauen sind ihm ohnehin dann
einerlei.

#95 Im kleinen Städtchen

In einer Kneipe im kleinen Städtchen
raucht er gerade ein Zigarettchen.
Er raucht täglich etwa dreißig Stück.
Eine Freundin wäre sein ganzes Glück.
Da sieht er am Nebentisch das Gretchen.
Sie ist das schönste Mädchen
hier im kleinen Städtchen.
Sie isst genussvoll ein Salätchen.
Er träumt, sie wäre sein Mädchen
und sie liebten sich in einem Himmelbettchen.
Er fasst Mut und lädt sie ein zu Bier und Wein.
Doch sie sagt nur: „Danke, nein!"
Aus sein Traum – ach, wie gemein.
Auch heute trinkt er wohl sein Bier allein
und schläft später daheim alleine ein.

#96 Guter Zweck

Wir trinken ordentlich was weg.
Kein Wunder, es ist für einen guten Zweck.
Wir werfen 10 Cent für jedes Bier in eine soziale Kasse.
Das finden wir gut. Das ist klasse.

#97 Gemütlichkeit

Es lebe die Gemütlichkeit!
Nach 2 Bier macht sich Gemütlichkeit
in uns breit.
Es lebe die Gemütlichkeit!

#98 Gemütlich

Kann ein Abend gemütlich sein,
so ganz ohne Bier oder Wein?
Fährt ein herkömmliches Auto ohne Sprit?
Nein, es fährt nur mit.
Aber da ich kein Auto, sondern der Alfred bin,
kriege ich Gemütlichkeit auch mal ohne Alkohol hin.

#99 **Beruhigungsbier**

Einmal ist auch das schönste Wochenende vorbei.

Mit dieser Wahrheit klar zu kommen, ist keine Hexerei.

Lass dir sonntagabends nach dem Schrecken

noch ein Beruhigungsbierchen schmecken!

#100 **Entscheidung**

Weißwein, Schaumwein, Rotwein,

süßer oder trockener Wein

- welchen Wein kauf ich bloß ein?

Leicht fällt die Entscheidung mir,

denn ich kaufe statt Wein einfach Bier.

Mit Bier liegt man immer richtig

und richtig zu liegen, das ist wichtig.

Egal ob Pils, Weizen, Export oder Alt

- Hauptsache Bier, kühl, aber nicht zu kalt.

#101 **Durst**

Der Durst scheint fort, aber er taucht nur.

Er taucht bald wieder auf aus seiner Trinktour.

Der Durst trinkt am liebsten Bier.

Dem Durst geht's so wie mir.

#102 (Ge)räusche

Es rattert.

Es knattert.

Es summt.

Es brummt.

Es knistert.

Es flüstert.

Es haucht.

Es faucht.

Um sie rum sind so viele interessante Geräusche.

Oder sind das vor allem Illusionen ihrer Räusche?

#103 Langsamkeit

Tu langsam, wenn du in Eile bist.

Trink langsam, wenn du Durst hast.

Alles andere wäre Mist.

Trink Bier, wenn du Lust hast.

#104 Was es so alles gibt

Es gibt solche und solche.

Nette und Strolche.

Jung und alt.

Beton und Wald.

Farbige und Weiße.

Laute und Leise.

Reich und arm.

Kalt und warm.

Süß und salzig.

Sauer und malzig.

Stuttgart und Trier.

Wasser und Bier.

Watschen und Kuss.

Anfang und Schluss…

Darüber hinaus gibt's noch viel, viel mehr.

Noch mehr aufzuzählen, fiele nicht schwer.

Und auch DICH gibt's, Gott sei Dank.

Gäb's dich nicht, wär ich traurig und krank.

Alleine hätte ich nur das Bier,

viel besser ist's, dass es gibt ein WIR.

#105 Lust auf mehr

Trinke ich ein Bier, kriege ich Lust auf mehr.

Küsse ich dich, kriege ich Lust auf mehr.

Lust auf mehr, auf immer mehr.

Aufzuhören, das fällt schwer.

Wir trinken unser Bier leer

und küssen uns als Dessert.

Ich liebe dich so sehr...

#106 Wie verrückt

Ich will's gleich auf den Punkt bringen

und nicht lange nach Worten ringen:

Ich mag Bier und ich liebe dich –

wie verrückt und fürchterlich.

#107 Wochenende

Habt ein lustiges Wochenende

mit Feiern ohne Ende.

Habt schöne sorglose Stunden,

lasst euch das Leben munden.

Wer mag, der trinke Bier und Wein,

wer nicht, der soll ohne fröhlich sein.

Der Montag kommt viel zu schnell wieder.

Vorher aber genießt, liebt, hört gute Lieder.

#108 Argument

Du sitzt in Glasgow. Ich sitze hier.

Du trinkst Whisky. Ich trinke Bier.

Der wesentliche Unterschied beträgt 35 Prozent.

Das ist je nach dem ein gewichtiges Argument.

Prost Genossinnen und Genossen!

Prost auf den Whisky und andere Spirituosen!

#109 Überglücklich

Mit meiner guten Laune ist's vorbei,

denn ich habe kein Geld dabei.

Ich leide Höllenqualen,

gleich geht's ans Bezahlen.

Doch da fällt mir ein, ich trinke ja mein Bier daheim.

Ich bin überglücklich und fertig ist der Reim.

#110 Schlechte Wetter

Draußen tobt ein Unwetter.

Daheim droht ihm ein Donnerwetter.

Nicht nach draußen und nicht heim zu seinem Weibe

will er.

Er trinkt erst Mal ein, zwei Bier in seiner Kneipe,

das will er.

#111 Alle mögen Bier!

Der Deutsche trinkt gerne Bier,
das ist bekannt, das wissen wir.
Aber auch der Belgier ist voller Gier
nach köstlichem Bier.
Sogar die Leute aus Holland
finden Bier interessant.
Selbst einem aus dem Senegal
ist gutes Bier nicht egal…
Bier finden alle phänomenal.
Bier ist international!
Alle mögen wir
gutes Bier!!

#112 Krass

Echt krass
schmeckt das blonde Nass.
Das Bier tut heute so gut.
In dir steigt der Übermut.
Du könntest Bier trinken im Übermaß,
ohne Unterlass.
Aber schaust du heute zu tief ins Glas,
hast du anderntags Kopfweh und keinen Spaß.

#113 Heiße Liebe

Du kannst lieben, wen du willst,
wenn derjenige nur ich bin.
Du kannst Bier trinken, mit wem du willst,
wenn dieser jemand nur ich bin.
Wenn du nur an mir und mit mir deinen Durst stillst,
dann bin ich froh, meine heißgeliebte Freundin <3

#114 Einzigartig

Das einzige Getränk von dem man nie genug kriegen
kann, ist Bier.
Drum sitzen wir hier und tranken und trinken Bier.

#115 In beer we trust

Befrei dich von der Arbeit Last.
Komm zur Ruh. Mach eine Rast.
Sei mein Gast. Komm zu mir.
Wir hören Musik und trinken Bier.
In beer we trust.

#116 Statt

Massiv statt passiv.

Maß voll statt maßvoll.

Dortmund statt dort Mund.

Freibier satt statt Freibier anstatt.

Liebe statt Triebe.

Leeren statt lehren.

Ethanol statt Methanol.

#117 Dicht(en)

So wie ein jeder von Bier dicht sein kann,

kann auch jeder Bierdichter sein.

Das gilt für jede Frau und jeden Mann.

Höchstens er schreibt über Wein.

Dann ist er Weindichter

und kein Bierdichter.

Prost.

Mit Bier reimt es sich immer besser.

Die Reime werden immer kesser.

Das Dichten macht so richtig Spaß,

hast du Dichter-Treibstoff im Glas.

Prost!

#118 Bier-Muse

Ich dichte

und zwar Biergedichte.

Meine Muse ist nicht nur der Alkohol.

Ich finde Bier insgesamt ganz toll.

Prost mit Bier aufs Bier. Zum Wohl.

#119 Biergedichtebrauer

Ich bin ein spezieller Brauer

-        ein Biergedichtebrauer.

Nach meinem Reinheitsgebot muss in ein Biergedicht

Bier mit rein.

Denn wo Bier draufsteht, muss schließlich auch Bier

drin sein.

#120 Früh bis spät

Als Bierpoet

dichte ich schon in der Früh und trinke eher spät.

#121 SOS

SOS – Mein Durst ist groß!

SOS – Was mach ich bloß?

SOS – Meine Bierflasche ist leer!

SOS – In ihr ist kein Tropfen mehr!

SOS – Wer hilft jetzt mir?

SOS – Wer bringt mir Bier?

#122 Zu zweit

„Auch allein, schmecken Bier und Wein."

Das redet man sich manchmal ein.

Die Worte dringen aber nicht in unsere Herzen ein,

denn keiner möchte alleine sein.

Zu zweit ist man weniger allein.

Drum bin ich der Deine. Du die Meine.

Zusammen sind wir nicht alleine.

Dich oder Keine.

Nur dich für mich.

Ich liebe dich.

#123 Abendrot

Wir sitzen bei Wein, Bier, Käse und Brot

und schauen fasziniert in das Abendrot.

So schön sollte jeder Abend sein

mit uns, Bier, Käse, Brot und Wein.

124 Trinkt

Trinkt Freunde, trinkt.

Trinkt Freude, trinkt.

Trinkt heute, trinkt.

Trinkt Leute, trinkt.

Trinkt Bier, trinkt.

Trinkt jetzt und hier, trinkt.

Und was ihr heute nicht trinken könnt,

das sei euch herzlich morgen gegönnt.

125 Trinkt, singt, swingt

Trinkt Freunde, trinkt.

Singt Freunde, singt.

Ölt mit Bier eure Stimmen,

dass sie die Tonleiter erklimmen.

Und wenn einer nicht singen kann,

so fange er wenigstens zu swingen an.

126 Bier und Freundin

Du bist kein Bier,

also halt dich fern von mir.

An mich lass ich nur Bier und meine Freundin ran.

Bier, weil's gut schmeckt. Meine Freundin, weil sie gut

küssen kann.

127　Mehr als Bier

Je t'aime.

Du bist die Crème de la Crème.

I love you my dear.

Komm zu mir.

I love you much more than beer.

Ich sehne mich nach dir.

Ich liebe dich.

Ich hoffe, du liebst auch mich.

128　Beruhigend

Wenn's uns auch mal nicht mehr gibt,

Bier wird dann immer noch geliebt.

129　Irgendwann vielleicht

Ich frage mich und dich:

Wer erinnert sich einmal an mich?

Wenn ich nicht mehr kann, wie ich will.

Wenn ich alt bin und vielleicht debil.

Bin ich dann einsam und allein?

Wird dann jemand bei mir sein?

Wer trinkt dann Bier

mit mir?

Noch liebst du mich.

Ich liebe dich.

#130 Gedanken ans Alter

Solange mir das Bier noch schmeckt, ist mir nicht wirklich bange.

Ich hoffe sehr, dieser Zustand hält noch recht recht lange.

Wenn mich dann auch noch meine Freundin liebt, weiß ich, dass mir das Alter noch viel Schönes gibt.

Ein Hoch aufs Bier! Ein Hoch auf mich!

Ein Hoch auf die Liebe! Ein Hoch auf dich!

#131 Vom Singen

Wer singt,

der trinkt.

Denn vom vielen Singen wird die Stimme heiser

und dann singt der Sänger leiser.

Wird die Stimme wieder mit Bier aufgebaut,

dann erst singt er wieder laut.

Wer singt,

der trinkt.

#132 Appetit auf mehr

Ich trinke sehr gerne mit meiner Freundin Bier,
denn meine Augen trinken mit.
Besonders mit ihr
bekomme ich erst so richtig Appetit.
Appetit, köstliches Bier zu trinken.
Appetit, mit ihr im Meer der Liebe zu versinken.

#133 Ich und Bier

Ich mag Bier!
Ich will Bier!
Ich krieg Bier!
Ich trink Bier!

#134 Nass-kalter Wintertag

Habe mir ein Bier einverleibt.
Glaube nicht, dass es bei einem bleibt.
Mal schauen, wie viele ich heute noch trinken mag
an diesem nass-kalten Wintertag.

#135 Wild West

Als Alkohol-Hasser

trinkt *Winnetou* kein Feuerwasser.

Er genießt sein Bier alkoholfrei,

denn Alkohol verträgt sich nicht mit der Reiterei.

Sam Hawkens ist da – wenn ich mich nicht irre -

anders drauf.

Er macht ganz gerne sich ein alkoholhaltiges Bierchen

auf.

Old Surehand hat selten einen Brand.

Er braucht ja auch eine sichere Hand.

Aber Zielwasser muss schon sein,

deshalb sagt er zu einem Bier nicht nein.

Hossa, Hossa –

Bier trinkt man auch auf der *Ponderosa*.

Reiswein trinkt *Hop Sing*,

denn Bier ist nicht sein Ding.

#136 Soul food

Rock and roll.

Body and soul.

Beer and wine.

Fine, fine, fine.

Beer is my soul food.

Everything is good.

#137 Anti-Finanzamtsbier

Wird der Zaster zum Laster,

kommt die Last mit dem Knast.

Drum investier' dein Geld in Bier,

dann will das Finanzamt nichts von dir!

#138 Zweitschlüssel für Biertrinker

Ich kann meinen Haustürschlüssel nirgends finden.

Er steckt weder im Hosensack vorne, noch ist er
hinten.

Ich bin momentan ein klein wenig unkonzentriert,

denn ich habe vorhin in der Kneipe Bier konsumiert.

Greife ich das nächste Mal auswärts zur Flasche,

stecke ich mir einen Zweitschlüssel in die Tasche.

#139 Cool

„Nüchtern bin ich schüchtern.

Nur wenn ich sauf, bin ich cool drauf."

Dieser Spruch ist

großer Mist.

Nein zu besoffen und dicht.

Saufen, um cool zu sein, geht nicht.

#140 Vollmond

Er ist voll wie der Vollmond
und das nicht nur bei Vollmond.

#141 Durchs All

Ich reise mit dir durchs Weltall
auf der Suche nach dem Urknall.
Bier nehmen wir mit auf der Reise durchs All,
denn sicherlich gibt's Bier dort nicht überall.
Genügend Bier muss aber mit,
denn Bier ist unser Durstlösch-Hit.
Wir fliegen durch den unendlichen Raum.
So zu reisen, wäre ein Traum.

#142 Freundschaftsritual

Mit Freunden Bier trinken ist etwas Normales,
aber zugleich auch immer etwas Besonderes.
Zusammen Bier genießen ist eine Art Freundschafts-
ritual.
Solch Ritual unterstützt die Freundschaft non-verbal.

143 Qualität

Ich habe heute als Getränk Bier gewählt,

da für mich seine durstlöschende Qualität zählt.

Daheim oder auch auf Reisen -

Bier gehört zu meinen Leibspeisen.

144 Besuch vom Nikolaus

Ich stelle heut mein Bierglas raus.

Vielleicht füllt der Nikolaus mein Bierglas voll.

Ich hoffe, es wird was draus.

Das wäre toll.

145 Weihnachtsgeschenk

Das schönste Geschenk, das du mir gibst,

ist, zu wissen, dass du mich liebst.

Frohe Weihnachten!

Ich liebe dich auch <3

Und jetzt trinke ich Weihnachtsbier, so ist's Brauch.

146 Die Sternsinger

Diese Geschichte wird vielleicht irgendwo wahr:

Wir schreiben den 6. Januar.

Die Bierflaschen sind leer.

Der Vater hat kein Bier mehr.

Der Haussegen hängt nun schief,

weil den Biereinkauf die Mutter verschlief.

Bier muss dringend her!

Aber wer bringt Bier, wer?

Da klingelt's. Die Sternsinger kommen vorbei

und Melchior hat tatsächlich auch Bier dabei.

Der Haussegen ist wieder gerade gerückt.

Alle sind über so viel göttliche Vorsehung entzückt.

Amen

147 Ring

Im Fasnets"verkehr"

fällt's manchem schwer,

sich auch noch auf seinen Ehering zu konzentrieren

und den beim Flirten und Bier trinken nicht zu

verlieren.

Drum ist das Fazit von dem Reim:

Lass deinen Ring am Schmotzigen daheim.

Denn so mancher schlimme Finger

vermisst seinen Ring anderntags am Ringfinger!

(Finger keine fremden Frauen,

sonst tut dich deine hauen.)

#148 Zu wenig

Zu wenig Entspannungszeit,
die mir nach der Arbeit bleibt.
Zu wenig Bier
für den Schlaf in mir.
Ich mache mir randvoll den Bierkrug,
denn sonst kriege ich nicht genug.

#149 Interessen

Meine Freundin kann ich nie vergessen,
denn ich bin total in sie versessen.
Wir lieben uns und haben ähnliche Interessen:
Bier, Küssen, Sport und leckeres Essen.

#150 Verführerisch

Was kann mein Herz berühren?
Womit kann man mich verführen?
Natürlich mit BIER.
Also komm mit Bier zu mir.
Dann noch einen Kuss obendrein
und ich bin dein.

#151 Der Millionär

Hott und hü – zuerst gewonnen dann perdu.

Hü und hott – dann vielleicht bankrott.

Ein Millionär

hat's schwer.

Er muss auf sein Geld aufpassen.

Er darf es nicht verprassen,

denn hat er zu wenig auf der Bank,

dann wird er krank.

Ich bin nicht so, Gott sei Dank.

Hab weder Millionen auf der Bank

noch tausende Euros in den Taschen.

Dafür hab ich im Keller genügend Bier in Flaschen.

#152 Geld

Geldscheine sind nur bunt bedrucktes Papier.

Geb's aus und gönn' dir hin und wieder ein Bier.

#153 Verkehrte Welt

Er pinkelt im Sitzen, sie im Stehen.

Sie trinkt Schnaps, er trinkt Bier.

Verkehrte Welt – wer kann das verstehen?

Sie kommt aus Baden, er kommt von hier.

#154 Wie Kinder

Frühling, Sommer, Herbst und Winter –
besoffene Erwachsene werden wieder wie kleine
Kinder.
Nach zu vielen Bieren
krabbeln sie auf allen Vieren.
Sie faseln, hauen sich auf die Köpfe –
Besoffene sind schon arme Tröpfe.

#155 Kein Alkohol am Steuer

Das Leben ist nicht nur ein Zuckerschlecken.
Gefahren lauern an allen Ecken.
Zu viele Tote gibt's im Straßenverkehr.
Ihr Tod sei uns eine Lehr'.
Wer Bier trinkt, Hände weg vom Steuer.
Mit dem Leben zu bezahlen, ist zu teuer.

#156 Wirt

Ein Bier dir immer im Glase schäumt,
hast du in deiner Kneipe den Wirt zum Freund.
Hast du irgendwann einmal finanzielle Sorgen,
so wird er dir sicherlich Geld fürs nächste Bier borgen.
Noch besser ist's natürlich, du bekommst Freibier
serviert,
vom freundlichen Wirt spendiert.

157 Verträglich

Wer im Alltag viel erträgt,

der verdient, dass er ein Bier gut verträgt,

damit er so gelassener die Sorgen besiegt,

ohne dass er davon gleich Kopfweh kriegt.

158 Bier trinkt er...

Bier trinkt er nach dem Aufstehen und beim Schaffen.

Bier trinkt er zum Essen und vor dem Schlafen.

Bier trinkt er sogar im Schlaf, weil er dann vom
Biertrinken träumt.

Bier trinkt er, wenn er mal wieder vor Wut schäumt.

Bier trinkt er bei Freud und bei Leid.

Bier trinkt er bei jeder Gelegenheit.

Bier trinkt er, ob's gerade passt oder auch nicht.

Bier trinkt er nahezu immer, sagt uns dies Biergedicht.

159 Bier und Wein

Bier und Wein

haben so manches gemein.

Aber Bier und Wein

können auch sehr unterschiedlich sein.

Ich gehe jetzt gar nicht weiter drauf ein.

Auf jeden Fall sind beide fein.

#160 Spezielle Bierlogik

Auch ein Glas Wein

schenk ich mir hin und wieder ein.

Aber dann denke ich oft, lass den Wein sein,

denn jedes getrunkene Glas Wein

sind zwei nichtgetrunkene Gläser Bier

und das Leben ist einfach zu kurz für nichtgetrunkenes

Bier.

#161 Quantität

Sie trinkt zwei. Er trinkt vier.

Sie trinkt Wein. Er trinkt Bier.

Das kann auch nicht anders sein:

Von Bier trinkt man locker die doppelte Menge als von

Wein.

#162 Selbstbetrug

Feier Glück und Freude herbei.

Trink dir mit Bier gute Gefühle herbei.

Das Leben ist oft beschießen genug.

Gönn dir ab und zu diesen Selbstbetrug.

#163 U-Boot

Wieso, weshalb, warum

trinkt der eine gerne Bier, der andere lieber Rum?

Ich hab für mich entdeckt,

dass Rum als U-Boot in Bier prima schmeckt.

#164 Bier-Anmache

Er hat ganz spezielle Anmach-Tricks und Aufreiß–
Maschen,

zum Beispiel zeigt er seiner Angebeteten seine
Sammlung an Bierflaschen.

#165 Kuss, Kuss

Ob Lyrikus, Chemikus oder Luftikus,

alle lieben wir der Liebsten Kuss.

Dieser ist ein Hochgenuss,

ebenso wie Bier und Wein - nicht Spiritus.

Ein Hoch auf Gambrinus und Bacchus!

#166 Spiele

Er spielt Kanaster

nur um Bier oder Zaster.

Bierflaschendrehen aber ist sein Lieblingsspiel.

Einfach deshalb, weil er schöne Frauen küssen will.

#167 Verrückt

Er ist vom Bier entzückt.

Er ist nach Bier verrückt.

Haut ihn zu viel Bier mal um,

nimmt er's dem Bier nicht krumm.

Ihm ist Bier sehr wichtig.

Er ist nach Bier süchtig.

#168 Der Aktionär

Die Gier war riesengroß,

jetzt ist er sein Geld los.

Der Aktionär jammert und weint.

Er hat's doch nur gut gemeint.

Fazit: Still deine Gier

besser mit Bier.

#169 Verlangen

Sein Verlangen nach ihr
steigt proportional zum konsumierten Bier.
Kommt er ihr dann nach 8 Bier endlich näher,
bemerkt er,
dass er nicht mehr so kann, wie er will.
Er trank eindeutig vom Bier zu viel.

Seine Lende
spricht Bände:
„Zu viel Bier
in dir.
Trink nächstes Mal nicht so viel,
dann kommst du bei ihr ans Ziel."

#170 Balalaika

Olga zupft wehmütig ihre Balalaika
und trinkt nach jedem Lied einen Wodka.
Paul dagegen klimpert am Klavier
und trinkt dazu fröhlich sein Bier.

#171 Flugauto

Er steht im Stau
und möchte doch eilig zu seiner Frau.
Er wünscht sich ein Flugauto herbei.
Dann wäre ihm jeder Stau einerlei.
Er flöge direkt zu ihr.
Schnell wäre er bei ihr und bekäme ein Bier.

#172 Bierische Vergleiche

Ich ohne Bier
wäre wie ein Zoo ohne ein Tier,
wie ein Auto ohne Räder,
wie ein Krimi ohne Täter,
wie ein Nussbaum ohne Nuss,
wie eine Liebesnacht ohne Kuss,
wie ein Maler ohne Pinsel,
wie ein Ozean ohne Insel…
Drum gebe ich zu Protokoll:
Erst etwas Bier macht das Leben toll.

#173 Russ

Russ ist das Limo-Weizenbier-Getränk,
das deutschlandweit fast jeder kennt.
Für die, die weniger Alkohol trinken wollen,
gehört diese bierige Alternative zu den ganz Tollen.

#174 Seele

Gib deinem Bier eine Seele
und deiner Seele dies Bier.
So treffen sich zwei Seelenverwandte,
zwei alte Bekannte.

#175 Ich weiß, wohin ich will

Wenn man weiß wohin man will,
kommt man schneller an sein Ziel.
Ich will mich nachher ein Bier trinken sehen,
darum werde ich jetzt in eine Kneipe gehen.

#176 Geziert

Wer will denn schon der erste sein,
der auf einem Empfang greift nach Bier oder Wein?
Erst geziert,
dann gebiert.
Erst genant,
dann Weinbrand.

#177 Bescheuert

Der Alfred trinkt so lange Bier bis er bricht
- was für ein bescheuertes Biergedicht.

#178 Darum

Ich trinke Bier, weil mir Bier schmeckt
und weil großer Bierdurst in mir steckt.

#179 Bier ist Bier und Mensch ist Mensch

Ob Weißbier
oder Exportbier
- Bier
ist Bier.
Ich habe bisher noch kein Bier entdeckt,
das mir nicht schmeckt.

Ob Deutscher oder nicht,
ob Flüchtling oder nicht
- Mensch
ist Mensch.
Auch wir sind uns alle ziemlich ähnlich.
Wer Flüchtlinge hasst, ist echt dämlich.
Nicht hassen sondern lieben,
steht schon in der Bibel geschrieben.
Wer liebt,
der gibt.

#180 Vergessen

In des Wanderers Rucksack ist nur Essen.

Bier oder Wein wurden leider vergessen.

Nun ist der Durst groß, die Hoffnung klein -

Die Hoffnung auf eine Flasche Bier oder ein Glas Wein.

Da helfen jetzt nur schneller laufen

und sich schnellst möglichst etwas zu trinken kaufen.

#181 Erkenntnis

Eine Kuh macht muh.

Viele Kühe machen Mühe.

Diese verblüffende Erkenntnis kam mir

bereits nach dem Genuss von zwei Bier.

#182 Knülle

Bei der Sommerschwüle

sucht er des Bieres Kühle.

Nun ist er knülle

von des Bieres Fülle.

#183 Volles Bierglas

Die Welt ist öde.

Meine Haut ist spröde.

Die Menschen sind blöde.

Nur eines ist toll:

Mein Bierglas ist voll.

Das ist klasse – jawohl!

Ist dein Leben eine ärgerliche Tragödie,

wird's mit etwas Bier meist wieder zur Komödie.

#184 Immer

Im Sitzen, im Stehen, beim Laufen

- immer könnte ich Bier saufen.

Bier tränke ich sogar im Liegen.

Vom Bier kann ich nie genug kriegen ;-)

#185 Barbier

Er wäre so gerne ein Barbier.

Abends tränke er an der Bar ein paar Bier.

#186 Sprit

E10 mein Auto säuft,

wenn's läuft.

E10 ist Benzin mit etwas Bioalkohol,

genaugenommen 5 bis 10 % Ethanol.

Mein Getränk ist Bier mit ca. 5 % vol.

Damit fühle ich mich pudelwohl.

#187 Ein Haustier

„Ich will ein Haustier."

„Sei still. Trink dein Bier."

„Ich will einen Hund."

„Trink dein Bier und halt deinen Mund."

#188 Bierwampe

Er betrachtet unter einer hellen Lampe
seine wohlgeformte Bierwampe.
Seine Wampe spannt und ist sehr rund,
doch er fühlt sich wohl und kerngesund.
Er findet seine Wampe schick.
Sie ist sein ganzes Glück.
Seine Frau ist stolz auf seinen Bauch;
sie hat einen solch dicken ja auch.
Ihrer kommt von zu viel Kuchen,
welchen sie ist ständig am Versuchen.
Ob aber vom Kuchen oder Bier
- eine Wampe ist für die wenigsten eine Zier.

#189 Fußball spielen

Ich gehe mal wieder Fußball spielen.
Vielleicht werde ich ja ein Tor erzielen.
Von der Mannschaft, die verliert,
bekommt die andere einen Kasten Bier spendiert :-)

#190 Bier-Traum-Reise

Weißt du, wer ich bin?

Ich hab zwei Augen und ein Doppelkinn.

Ich bin ein Chemie-Lehrerlein

und trinke lieber Bier statt Wein.

Weißt du's, dann sag's mir ganz leise.

Störe mich nicht auf meiner Bier-Traum-Reise.

Ich träume gerade, ich säße in einem Bierzelt

und bekäme für jedes Bier „Schmerzensgeld".

Ich verdiente als Biertrinker gar nicht schlecht.

Ach, wäre dieser Traum doch echt.

#191 Brunchen

Brunch-Time,

Lunch-Time.

Freue mich auf das Stelldichein

mit Freunden, gutem Essen, Bier und Wein.

Guten Appetit. Haut rein!

#192 Bieren

Ich biere.

Du bierst.

Er/Sie/Es biert.

Wir bieren.

Ihr biert.

Sie bieren.

Heute schon gebiert?

#193 Hoch die Krüge

Trinke, wem ein Bier gegeben.

Hoch die Krüge. Lasst uns leben!

Wir saufen bis wir uns übergeben.

Wer vernünftig ist, trinkt nicht so viel.

Besoffen verliert man an Sexappeal.

#194 Bier-Tierfreund

So mancher ersäuft am nächsten Tag seinen Kater in
Bieralkohol.

Ich fühle mich als Tierfreund bei diesem Gedanken
nicht wohl.

Ich mache das nicht und ziehe tierfreundlichere
Heilmethoden vor.

Helfen die nicht, ertrag ich den Horror mit viel Geduld
und Humor.

#195 Logisch

Einen großen Durst gab Gott mir,

damit ich trinke vom guten Bier.

Hätte er mir große Frommheit gegeben,

dann würde ich wohl in einem Kloster leben.

#196 Faule Haut

Sie liegt zufrieden auf seiner faulen Haut

und sie genießen, was der Brauer hat gebraut.

#197 Bieriger Wein

Wäre Wein kühler und würde nach Bier schmecken,

würde ich mir nach solchem die Lippen lecken.

#198 Sinnieren

Reich an Jahren,

arm an Haaren

sinnier

ich beim Bier:

,Altwerden ist scheiße.

Nichtaltwerden aber auch.'

Ich bekomm vom Denken schon Kopfweh.

Oje, oje.

Also: *Net so viel denka,*

mehr Bier trenka.

#199 Wir Menschen

Wir verbrauchen so viel Energie

wie zuvor noch nie.

Wir führen Kriege

ohne wirkliche Siege.

Wir tun alles für Geld.

Wir zerstören unsere Welt.

Die Menschheit ist bescheuert.

Ach ja, das Bier ist überteuert.

#200 Kleines Gedicht über die Dummheit

Dumm ist das Gegenteil von klug.

Bier rein in den Krug.

Dumm sein ist scheiße.

In Maßen Bier trinken dagegen weise.

#201 Feucht-fröhlich

Ich will. Ich darf. Ich soll und kann. Ich bin dabei.

Morgen da ist Sonntag. Morgen habe ich frei.

Nachher gehe ich mit alten guten Freunden einen heben.

Wir reden, lachen, trinken Bier und freuen uns am Leben.

Und ist das feucht-fröhliche Gelage dann vorbei,

sehnt jeder schon das nächste Treffen herbei.

Solche Zusammenkünfte tun der Seele gut.

Solche Treffen stärken den Lebensmut.

#202 Spaß

Hab Spaß!

Gönn dir was!

Deinem trockenen Mund ein Bier.

Deiner Leber ein Bier.

Deinem Hirn ein Bier.

Deiner Haut ein Bier.

Dann wären's schon 4 Bier.

Prost. Prost. Prost. Prost.

#203 Halunken

Wir haben einen Kasten Bier leergetrunken.

Jetzt kommt der zweite dran. Prost Halunken.

#204 Nüchtern betrachtet

Nähme man der Welt die Liebe und das Bier weg,

blieben übrig Hass, Frust, Durst und Rattendreck.

Drum lieben und trinken wir weiter,

sind verliebt, glücklich und heiter.

#205 Tolle Kombination

Mein Durst ist groß. Mein Bierglas voll.

Es gibt nichts Schöneres. Das ist einfach toll.

#206 Muh

So wie das Muh zur Kuh,
gehört das Bier zu mir.

#207 Für immer

Einmal Bier,
immer Bier!

#208 Frühling, Sommer, Herbst und Winter

Wenn der Glühwein schmeckt nach Bier,
dann steht der Frühling vor der Tür.
Im Sommer dann trinken wir
natürlich täglich Weizenbier.
Wird's im Herbst neblig und frostig kalt,
dann gibt's Weihnachtsbier schon bald.
Kommt der Winter hereingeschneit,
dann ist auch mal Glühweinzeit.

#209 Mies

Er fühlt sich mies.
Er findet alle fies.
Er trinkt Bier und Schnaps, um besoffen zu werden,
denn nüchtern kommt er nicht zurecht auf Erden.

#210 Besser zwei

„Könnte ich nur etwas für dich tun.

Ich würde nicht ruh'n, es zu tun.

Sag mir, was also soll ich tun."

„Bringe mir einen Kasten Bier vorbei

- nein, besser gleich zwei."

#211 Die besondere Gabe

Es war einmal ein Schwabe

mit einer besonderen Gabe.

Er konnte fünf Bier hintereinander exen

und hinterher noch fehlerfrei diesen Zungenbrecher

krächzen:

„Wer braut Bier?

Was brauen Brauer?

Brauer brauen Bier.

Bier brauen Brauer."

#212 Glücklich sein

Der eine säuft. Der andere kifft.

Fast jeder greift zu einem Gift.

Alle wollen sie glücklich sein,

drum ziehen sie sich etwas rein.

#213 Glasklar

Ich starre in die dunkle Nacht.
Ich bin ganz in Gedanken versunken.
Ich habe heute nicht gelacht.
Ich habe heute auch kein Bier getrunken.
??????????????????????????????????????
Ihr wisst längst schon, das ist nicht wahr.
Ich habe Bier getrunken, das ist doch klar.

#214 Des Lebens Kern

Was ist des Lebens Kern?
Zu leben und zu leben gern!
Gutes tun und genießen,
wie Bier trinken und Blumen gießen.

#215 Bierwunder

Mich wundert's, dass ich so fröhlich bin,
denn ich habe noch kein Bier in mir drin.
Gleichwohl wundert's mich nicht, dass ich so fröhlich
bin,
denn in wenigen Momenten habe ich ein Bier in mir
drin.

#216 Zehn Bier

Fällt dir nach dem Neunten das Zehnte schwer?

Wenn du willst, aber kannst nicht mehr.

Dann solltest du jetzt auf mich hören

und für heute das Biertrinken aufhören.

#217 Bierzeit

Die Zeit der Kindheit ist schon lange vorbei.

Ich mag nicht mehr Spinat und Grießbrei.

Schon lange schmecken mir

Kässpätzle und Weizenbier.

#218 Allzeit

Ob Sommerzeit, ob Winterzeit –

Bier schmeckt zu jeder Zeit.

#219 Blutgruppe Bier

Ach, wäre meine Blutgruppe doch Bier,

dann wäre immer Bier in mir.

Bier würde ständig in mir zirkulieren.

Die Wissenschaft würde sich für mich interessieren.

#220 Armer Scheich

Ich bin arm und du bist reich.

Ich bin Lehrer, du ein Scheich.

Blöd, dass ein Scheich kein Bier trinken soll.

Ätsch, ich aber trinke Bier. Prost. Zum Wohl!

#221 Alkoholfreies

Wenn der Alkohol aus dem Bier entweicht,

hat es noch zu alkoholfreiem Bier gereicht.

Manchem schmeckt so etwas – vielleicht.

Mir ist ein Alkoholfreies meist zu seicht.

#222 Facebook / Bier

Ein Milliardär hat's schon schwer.

Wo kriegt er bloß ein gutes Image her?

Vielleicht zeigt Herr Zuckerberg deshalb zur
Adventszeit

dieses Jahr großzügigste Großzügigkeit.

Auch du kannst dieses süße Zuckerberg-Feeling haben,

lass einfach uns Durstige an deinem Kasten Bier
teilhaben.

Wir alle brauchen Helden.

Helden gibt's viel zu selten.

#223 Ein Bösewicht-Gedicht

10 Bier im Bauch.

Stroh im Kopf auch.

Fettleberschmerzen.

Fremdenhass im Herzen.

Rausch im Gesicht.

Fertig ist der Bösewicht.

#224 Auf morgen

Ich trinke mit dir in den Morgen.

Wir lachen und kennen keine Sorgen.

Wir fühlen uns prächtig, sind gut drauf

und machen die nächsten Bierflaschen auf.

Wir prosten auf gestern, heute und morgen.

#225 Tag für Tag

Komme, was da kommen mag,

aufs Bier freu' ich mich jeden Tag.

In Bier da wohnt ein Zauber inne.

Bier ist ganz in meinem Sinne.

Prost!

#226 Bierfläschchen

Himmel, Arsch und Zwirn,

mein Finger steckt in der Flasche drin.

Ich kriege ihn nicht mehr raus,

er ist gefangen wie eine Maus.

Wie trinke ich jetzt mein Fläschchen aus?

#227 Bierglas

Nur ein volles Bierglas

ist ein gutes Bierglas ;-)

#228 Bier-Schwank

Ich sitze hier und trinke Bier.

Erst eins, dann zwei, dann drei, dann vier.

Ich trinke Bier

bis ich kapier:

Je mehr Bier ich tanke,

umso mehr ich schwanke.

#229 Murmeltier

Ich trinke jeden Tag mein Bier…
Und täglich grüßt das Murmeltier.

#230 Danke sehr

Die Bienen summen summ, summ, summ.
Mein Herz schlägt bumm, bumm, bumm.
Plötzlich macht mein Herz einen Freudensprung,
denn ich habe eine hocherfreute Wahrnehmung:
Du kommst mit zwei Bier daher!
Danke. Danke. Danke sehr.

Inhaltsverzeichnis

Autor:

Alfred Reichel, geboren 1961 in Stuttgart, ist Lebensmittel-Ingenieur und ein großer Bierliebhaber. Reichel wohnt in Weil der Stadt und verdient in Stuttgart sein täglich Bier als Chemielehrer.

Bisher sind von Alfred Reichel beim Verlag Books on Demand GmbH folgende Bücher erschienen:

Bier-Gedichte, 2012

Noch mehr Bier-Gedichte, 2013

Bier-Liebes-Gedichte, 2013

Bier-Lyrik, 2014

Nicht nur Biergedichte, 2015

Tierisch gute Bier-Gedichte, 2015

Bierhaltige Gedichte, 2016